中国的粮食安全

（2019 年 10 月）

中华人民共和国
国务院新闻办公室

人 民 出 版 社

目　录

前　言

　　民为国基,谷为民命。粮食事关国运民生,粮食安全是国家安全的重要基础。新中国成立后,中国始终把解决人民吃饭问题作为治国安邦的首要任务。70年来,在中国共产党领导下,经过艰苦奋斗和不懈努力,中国在农业基础十分薄弱、人民生活极端贫困的基础上,依靠自己的力量实现了粮食基本自给,不仅成功解决了近14亿人口的吃饭问题,而且居民生活质量和营养水平显著提升,粮食安全取得了举世瞩目的巨大成就。

　　党的十八大以来,以习近平同志为核心的党中央把粮食安全作为治国理政的头等大事,提出了"确保谷物基本自给、口粮绝对安全"的新粮食安全观,确立了以我为主、立足国内、确保产能、适度进口、科技支撑的国家粮食安全战略,走出了一条中国特色粮食安全之路。中国坚持立足国内保障粮食基本自给的方针,实行最严格的耕地保护制度,实施"藏粮于地、藏粮于技"战略,持续推进农业供给侧结构性改革和体制机制创新,粮食生产能力不断增强,粮食流通现代化水平明显提升,粮食供给结构不断优化,粮食产业经济稳步发展,更高层次、更高质量、更有效率、更可持续的粮食安全保障体系逐步建立,国家粮食安全保障更加有力,中国特色粮食安全之路越走越稳健、越走越宽广。

粮食安全是世界和平与发展的重要保障,是构建人类命运共同体的重要基础,关系人类永续发展和前途命运。作为世界上最大的发展中国家和负责任大国,中国始终是维护世界粮食安全的积极力量。中国积极参与世界粮食安全治理,加强国际交流与合作,坚定维护多边贸易体系,落实联合国2030年可持续发展议程,为维护世界粮食安全、促进共同发展作出了积极贡献。

为全面介绍中国粮食安全成就,增进国际社会对中国粮食安全的了解,特发布本白皮书。

一、中国粮食安全成就

中国人口占世界的近 1/5,粮食产量约占世界的 1/4。中国依靠自身力量端牢自己的饭碗,实现了由"吃不饱"到"吃得饱",并且"吃得好"的历史性转变。这既是中国人民自己发展取得的伟大成就,也是为世界粮食安全作出的重大贡献。

（一）粮食产量稳步增长

——人均占有量稳定在世界平均水平以上。目前,中国人均粮食占有量达到 470 公斤左右,比 1996 年的 414 公斤增长了 14%,比 1949 年新中国成立时的 209 公斤增长了 126%,高于世界平均水平。

——单产显著提高。2010 年平均每公顷粮食产量突破 5000 公斤。2018 年达到 5621 公斤,比 1996 年的 4483 公斤增加了 1138 公斤,增长 25% 以上。2017 年稻谷、小麦、玉米的每公顷产量分别为 6916.9 公斤、5481.2 公斤、6110.3 公斤,较 1996 年分别增长 11.3%、46.8%、17.4%,比世界平均水平分别高 50.1%、55.2%、6.2%。

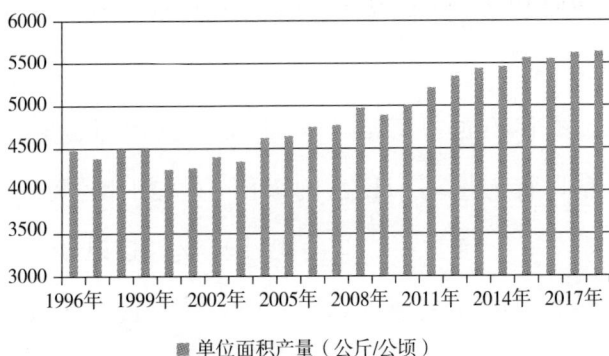

图 1:中国粮食单位面积产量(1996~2018 年)

数据来源:国家统计局

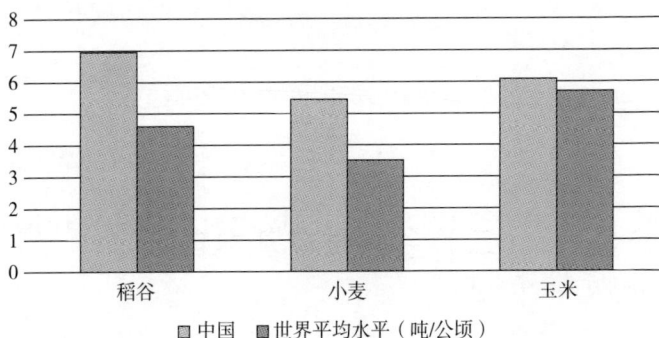

图 2:2017 年三大谷物品种单位面积产量对比

数据来源:联合国粮食及农业组织数据库(FAOSTAT)

——总产量连上新台阶。2010 年突破 5.5 亿吨,2012 年超过 6 亿吨,2015 年达到 6.6 亿吨,连续 4 年稳定在 6.5 亿吨以上水平。2018 年产量近 6.6 亿吨,比 1996 年的 5 亿吨增产 30% 以上,比 1978 年的 3 亿吨增产 116%,是 1949 年 1.1 亿吨的近 6 倍。粮食产量波动幅度基本稳定在合理区间,除少数年份外,一般保持在 ±6% 的范围之内。

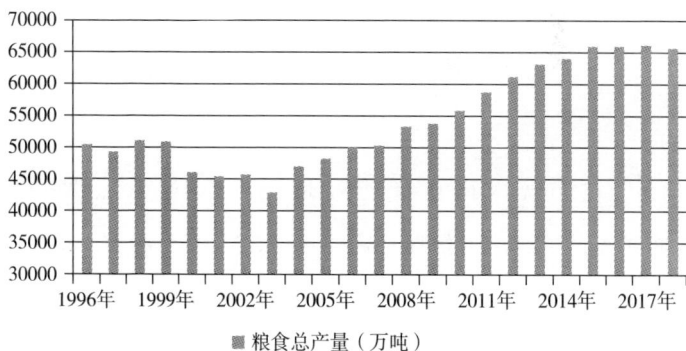

■ 粮食总产量(万吨)

图 3:中国粮食总产量(1996~2018 年)

数据来源:国家统计局

(二)谷物供应基本自给

——实现谷物基本自给。2018 年,谷物产量 6.1 亿吨,占粮食总产量的 90% 以上,比 1996 年的 4.5 亿吨增加 1.6 亿吨。目前,我国谷物自给率超过 95%,为保障国家粮食安全、促进经济社会发展和国家长治久安奠定了坚实的物质基础。

——确保口粮绝对安全。近几年，稻谷和小麦产需有余，完全能够自给，进出口主要是品种调剂，将中国人的饭碗牢牢端在自己手上。2001 年至 2018 年年均进口的粮食总量中，大豆占比为 75.4%，稻谷和小麦两大口粮品种合计占比不足 6%。

（三）粮食储备能力显著增强

——仓储现代化水平明显提高。2018 年全国共有标准粮食仓房仓容 6.7 亿吨，简易仓容 2.4 亿吨，有效仓容总量比 1996 年增长 31.9%。食用油罐总罐容 2800 万吨，比 1996 年增长 7 倍。规划建设了一批现代化新粮仓，维修改造了一批老粮库，仓容规模进一步增加，设施功能不断完善，安全储粮能力持续增强，总体达到了世界较先进水平。

——物流能力大幅提升。2017 年，全国粮食物流总量达到 4.8 亿吨，其中跨省物流量 2.3 亿吨。粮食物流骨干通道全部打通，公路、铁路、水路多式联运格局基本形成，原粮散粮运输、成品粮集装化运输比重大幅提高，粮食物流效率稳步提升。

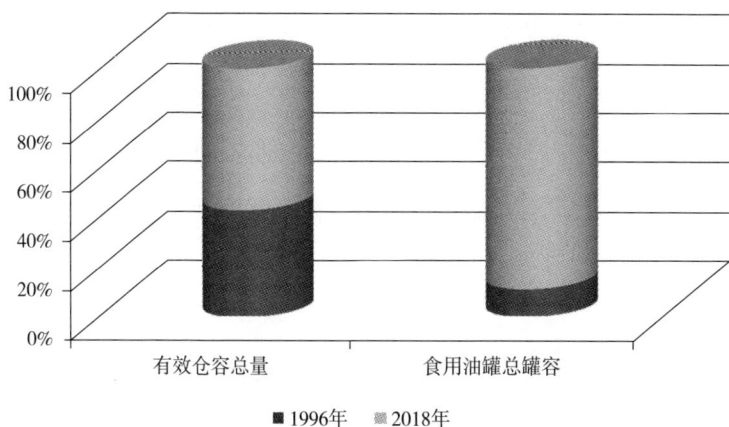

图4：有效仓容总量及食用油罐总罐容增长情况

数据来源：国家粮食和物资储备局

——粮食储备和应急体系逐步健全。政府粮食储备数量充足，质量良好，储存安全。在大中城市和价格易波动地区，建立了10—15天的应急成品粮储备。应急储备、加工和配送体系基本形成，应急供应网点遍布城乡街道社区，在应对地震、雨雪冰冻、台风等重大自然灾害和公共突发事件等方面发挥了重要作用。

（四）居民健康营养状况明显改善

——膳食品种丰富多样。2018年，油料、猪牛羊肉、水产品、牛奶、蔬菜和水果的人均占有量分别为24.7公斤、

46.8 公斤、46.4 公斤、22.1 公斤、505.1 公斤和 184.4 公斤，

比 1996 年分别增加 6.5 公斤、16.6 公斤、19.5 公斤、17 公

斤、257.7 公斤和 117.7 公斤，分别增长 35.7%、55%、

72.5%、333.3%、104.2% 和 176.5%。居民人均直接消费口

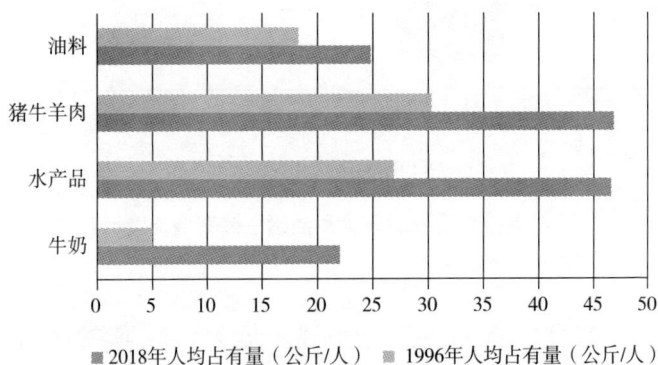

图 5：油料、猪牛羊肉、水产品、牛奶的人均占有量对比

数据来源：国家统计局

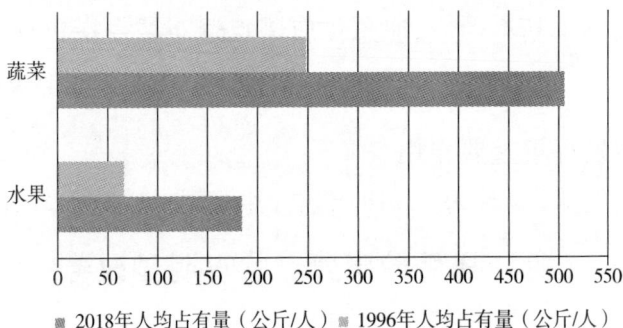

图 6：蔬菜和水果的人均占有量对比

数据来源：国家统计局

粮减少,动物性食品、木本食物及蔬菜、瓜果等非粮食食物消费增加,食物更加多样,饮食更加健康。

——营养水平不断改善。据国家卫生健康委监测数据显示,中国居民平均每标准人日能量摄入量 2172 千卡,蛋白质 65 克,脂肪 80 克,碳水化合物 301 克。城乡居民膳食能量得到充足供给,蛋白质、脂肪、碳水化合物三大营养素供能充足,碳水化合物供能比下降,脂肪供能比上升,优质蛋白质摄入增加。

(五) 贫困人口吃饭问题有效解决

——中国农村贫困人口基本解决了"不愁吃"问题。中国高度重视消除饥饿和贫困问题,特别是党的十八大以来,探索出了一条发展农村经济、提高农民收入、消除饥饿和贫困的成功道路,精准扶贫、精准脱贫成效卓著。按现行农村贫困标准计算,2018 年末,中国农村贫困人口数量 1660 万人,较 2012 年末的 9899 万人减少了 8239 万人,贫困发生率由 10.2% 降至 1.7%;较 1978 年末的 7.7 亿人,累计减贫 7.5 亿人。按世界银行每人每天 1.9 美元的国际贫困标准,中国对全球减贫的贡献率超过 70%,是世界上减贫人口最多的国家,也是世界上率先完成联合国千年发展目标中减贫目标的国家,贫困人口"不愁吃"的问题已基本解决。

——重点贫困群体健康营养状况明显改善。2018 年,贫困地区农村居民人均可支配收入达 10371 元人民币,实际增速高于全国农村 1.7 个百分点。收入水平的提高,增强了贫困地区的粮食获取能力,贫困人口粮谷类食物摄入量稳定增加。贫困地区青少年学生营养改善计划广泛实施,婴幼儿营养改善及老年营养健康试点项目效果显著,儿童、孕妇和老年人等重点人群营养水平明显提高,健康状况显著改善。

二、中国特色粮食安全之路

中国立足本国国情、粮情，贯彻创新、协调、绿色、开放、共享的新发展理念，落实高质量发展要求，实施新时期国家粮食安全战略，走出了一条中国特色粮食安全之路。

（一）稳步提升粮食生产能力

——严守耕地保护红线。实施全国土地利用总体规划，从严管控各项建设占用耕地特别是优质耕地，健全建设用地"增存挂钩"机制，实行耕地占补平衡政策，严守12000万公顷耕地红线。全面落实永久基本农田特殊保护制度，划定永久基本农田10300多万公顷。目前，全国耕地面积13488万公顷，比1996年增加480多万公顷，粮食作物播种面积达到11700多万公顷，比1996年增加450万公顷左右，夯实了粮食生产基础。

——提升耕地质量，保护生态环境。实施全国高标准农田建设总体规划,推进耕地数量、质量、生态"三位一体"保护,改造中低产田,建设集中连片、旱涝保收、稳产高产、生态友好的高标准农田。2011 年以来累计建成高标准农田 4260 多万公顷,项目区耕地质量提升 1—2 个等级,每公顷粮食产量提高约 1500 公斤,粮食生产能力得到提升。实行测土配方施肥,推广秸秆还田、绿肥种植、增施有机肥、地力培肥土壤改良等综合配套技术,稳步提升耕地质量。实施耕地休养生息规划,开展耕地轮作休耕制度试点。持续控制化肥、农药施用量,逐步消除面源污染,保护生态环境。

——建立粮食生产功能区和重要农产品生产保护区。以主体功能区规划和优势农产品布局规划为依托,以永久基本农田为基础,建立粮食生产功能区和重要农产品生产保护区。划定水稻、小麦、玉米等粮食生产功能区 6000 万公顷,大豆、油菜籽等重要农产品生产保护区近 1500 万公顷。加强建设东北稻谷、玉米、大豆优势产业带,形成黄淮海平原小麦、专用玉米和高蛋白大豆规模生产优势区;打造长江经济带双季稻和优质专用小麦生产核心区;提高西北优质小麦、玉米和马铃薯生产规模和质量;重点发展西南稻谷、小麦、玉米和马铃薯种植;扩大东南和华南优质双季稻和马铃薯产量规模。优化区域布局和要素组合,促进农业结构调整,提升农产品质量效益和市场竞争力,保障重要农产品特别是粮食的有效供给。

——提高水资源利用效率。规划建设一批节水供水重大水利工程,开发种类齐全、系列配套、性能可靠的节水灌溉技术和产品,大力普及管灌、喷灌、微灌等节水灌溉技术,加大水肥一体化等农艺节水推广力度。加快灌区续建配套与现代化高效节水改造,推进小型农田水利设施达标提质,实现农业生产水资源科学高效利用。

(二) 保护和调动粮食种植积极性

——保障种粮农民收益。粮食生产不仅是解决粮食需求问题,更是解决农民就业问题的重要途径和手段。中国农业人口规模巨大,通过城镇化减少农业人口将是一个渐进的过程,在这个过程中必须保障农民的就业和收入。为全面促进农村经济社会的发展,国家相继取消牧业税、生猪屠宰税和农林特产税,特别是在 2006 年全面取消了在中国存在 2600 年的农业税,从根本上减轻了农民负担。逐步调整完善粮食价格形成机制和农业支持保护政策,通过实施耕地地力保护补贴和农机具购置补贴等措施,提高农民抵御自然风险和市场风险的能力,保障种粮基本收益,保护农民种粮积极性,确保农业可持续发展。

——完善生产经营方式。巩固农村基本经营制度,坚持以家庭承包经营为基础、统分结合的双层经营体制,调动亿万农民粮食生产积极性。着力培育新型农业经营主体和社会化服务组织,促进适度规模经营,把小农户引入现代农业发展轨道,逐步形成以家庭经营为基础、合作与联合为纽带、社会化服务为支撑的立体式复合型农业经营体系。目前,全国家庭农场近60万家,农民合作社达到217.3万家,社会化服务组织达到37万个,有效解决了"谁来种地""怎样种地"等问题,大幅提高了农业生产效率。

(三) 创新完善粮食市场体系

——积极构建多元市场主体格局。深化国有粮食企业改革,鼓励发展混合所有制经济,促进国有粮食企业跨区域整合,打造骨干粮食企业集团。推动粮食产业转型升级,培育大型跨国粮食集团,支持中小粮食企业发展,促进形成公平竞争的市场环境。积极引导多元主体入市,市场化收购比重不断提高,粮食收购主体多元化格局逐步形成。

——健全完善粮食交易体系。搭建了规范统一的国家粮食电子交易平台,形成以国家粮食电子交易平台为中心,省(区、市)粮食交易平台为支撑的国家粮食交易体系,服务宏观调控、服务粮食流通的功能不断提升。全国粮食商流、物流市场达到 500 多家。粮食期货交易品种涵盖小麦、玉米、稻谷和大豆等主要粮食品种,交易规模不断扩大。

——稳步提升粮食市场服务水平。积极引导各地发展多种粮食零售方式,完善城乡"放心粮油"供应网络,粮食电子商务和新型零售业态发展态势良好。搭建粮食产销合作平台,鼓励产销区加强政府层面战略合作。2018 年组织各类粮食交易会 3935 场,成交粮食近 13627 万吨,成交金额 2319 亿元人民币。2018 年和 2019 年,连续举办"中国粮食交易大会",意向购销粮食达 6000 余万吨,推动产销合作水平迈上新台阶。

(四)健全完善国家宏观调控

——注重规划引领。编制《中华人民共和国国民经济和社会发展第十三个五年规划纲要》《国家粮食安全中长期规划纲要(2008—2020 年)》《全国新增 1000 亿斤粮食生产能力规划（2009—2020 年）》《中国食物与营养发展纲要（2014—2020 年）》《全国农业可持续发展规划（2015—2030 年）》《全国国土规划纲要（2016—2030 年）》《国家乡村振兴战略规划（2018—2022 年）》《粮食行业"十三五"发展规划纲要》等一系列发展规划，从不同层面制定目标、明确措施，引领农业现代化、粮食产业以及食物营养的发展方向，多维度维护国家粮食安全。

——深化粮食收储制度和价格形成机制改革。为保护农民种粮积极性，促进农民就业增收，防止出现"谷贱伤农"和"卖粮难"，在特定时段、按照特定价格、对特定区域的特定粮食品种，先后实施了最低收购价收购、国家临时收储等政策性收购。收购价格由国家根据生产成本和市场行情确定，收购的粮食按照市场价格销售。随着市场形势发展变化，粮食供给更加充裕，按照分品种施策、渐进式推进的原则，积极稳妥推进粮食收储制度和价格形成机制改革。2014 年起先后取消了大豆、油菜籽、玉米等粮油品种国家临时收储政策，全面实行市场化收购。2016 年起逐步完善了稻谷和小麦最低收购价格政策，进一步降低了政策性收购比例，实现了以市场化收购为主。

——发挥粮食储备重要作用。合理确定中央和地方储备功能定位,中央储备粮主要用于全国范围守底线、应大灾、稳预期,是国家粮食安全的"压舱石";地方储备粮主要用于区域市场保应急、稳粮价、保供应,是国家粮食安全的第一道防线。

(五) 大力发展粮食产业经济

——加快推动粮食产业转型升级。紧紧围绕"粮头食尾""农头工尾",充分发挥加工企业的引擎带动作用,延伸粮食产业链,提升价值链,打造供应链,统筹建好示范市县、产业园区、骨干企业和优质粮食工程"四大载体",在更高层次上提升国家粮食安全保障水平。

——积极发展粮食精深加工转化。增加专用米、专用粉、专用油、功能性淀粉糖、功能性蛋白等食品有效供给,促进居民膳食多元化。顺应饲料用粮需求快速增长趋势,积极发展饲料加工和转化,推动畜禽养殖发展,满足居民对肉蛋奶等的营养需求。

——深入实施优质粮食工程。建立专业化的粮食产后服务中心,为种粮农民提供清理、干燥、储存、加工、销售等服务。建立与完善由 6 个国家级、32 个省级、305 个市级和

960个县级粮食质检机构构成的粮食质量安全检验监测体系,基本实现"机构成网络、监测全覆盖、监管无盲区"。制定发布"中国好粮油"系列标准,促进粮油产品提质升级,增加绿色优质粮油产品供给。

（六）全面建立粮食科技创新体系

——强化粮食生产科技支撑。深入推进玉米、大豆、水稻、小麦国家良种重大科研联合攻关,大力培育推广优良品种。超级稻、矮败小麦、杂交玉米等高效育种技术体系基本建立,成功培育出数万个高产优质作物新品种新组合,实现了5—6次大规模更新换代,优良品种大面积推广应用,基本实现主要粮食作物良种全覆盖。中国科学家袁隆平培育的超级杂交稻单产达到每公顷近18.1吨,刷新了世界纪录。加快优质专用稻米和强筋弱筋小麦以及高淀粉、高蛋白、高油玉米等绿色优质品种选育,推动粮食生产从高产向优质高产并重转变。

——推广应用农业科技。2018年,农业科技进步贡献率达到58.3%,比1996年的15.5%提高了42.8个百分点。科学施肥、节水灌溉、绿色防控等技术大面积推广,水稻、小麦、玉米三大粮食作物的农药、化肥利用率分别达到38.8%、37.8%,病虫草害损失率大幅降低。2004年以来实施粮食丰产科技工程,共建设丰产科技攻关田、核心区、示范区、辐射区1276个,累计增产粮食1.3亿吨,项目区单产增产量达到全国平均水平的2.3倍。农业科技的推广应用,为粮食增产发挥了积极作用。

——提升粮食储运科技水平。攻克了一系列粮食储藏保鲜保质、虫霉防治和减损降耗关键技术难题,系统性解决了中国"北粮南运"散粮集装箱运输成套应用技术难题。不断扩大先进的仓储设施规模,2018年实现机械通风、粮情测控和环流熏蒸系统的仓容分别达到7.5亿吨、6.6亿吨和2.8亿吨。安全绿色储粮、质量安全、营养健康、加工转化、现代物流、"智慧粮食"等领域科研成果得到广泛应用。

（七）着力强化依法管理合规经营

——完善粮食安全保障法律法规。加快推进粮食安全保障立法,颁布和修订实施《农业法》《土地管理法》《土壤污染防治法》《水土保持法》《农村土地承包法》《农业技术推广法》《农业机械化促进法》《种子法》《农产品质量安全法》《进出境动植物检疫法》《农民专业合作社法》《基本农田保护条例》《土地复垦条例》《农药管理条例》《植物检疫条例》《粮食流通管理条例》等法律法规。

——落实粮食安全省长责任制。确保国家粮食安全，中央政府承担首要责任，省级政府承担主体责任。2014年底，国务院出台《关于建立健全粮食安全省长责任制的若干意见》，从生产、流通、消费等各个环节明确各省级政府在维护国家粮食安全方面的事权与责任。2015年，国务院办公厅印发《粮食安全省长责任制考核办法》，建立考核机制，明确由国家相关部门组成考核工作组，负责具体实施考核工作，进一步压实地方政府维护国家粮食安全的责任。地方政府粮食安全意识普遍增强，粮食安全保障水平不断提升。

——深化粮食"放管服"改革。持续推进简政放权、放管结合、优化服务，切实强化市场意识和法治思维，牢固树立依法管粮、依法治粮的意识，依法推进双随机监管机制及涉粮事项向社会公开。完善粮食库存检查方式方法和质量安全监管制度，构建粮油安全储存责任体系和行为准则，确保粮食库存数量真实、质量良好、储存安全。建立以信用监管为基础的新型监管机制，维护正常的粮食流通秩序。

三、对外开放与国际合作

中国积极践行自由贸易理念，认真履行加入世界贸易组织承诺，主动分享中国的粮食市场资源，推动世界粮食贸易发展。不断深化粮农领域国际合作，积极参与世界粮食安全治理，为促进世界粮食事业健康发展、维护世界粮食安全作出了重要贡献。

（一）对外开放日益扩大

——中国粮食市场更加开放。涉粮外资企业加工转化粮食数量、产品销售收入不断增加，2018 年分别占到全国的 14.5%、17%。外资企业进入中国粮食市场的广度、深度不断拓展，在食用植物油、粮食加工转化等领域的份额不断增长，并向粮食收购市场、批发零售和主食品供应等方面延伸，成为促进中国粮食产业发展的重要力量。

——认真履行加入世界贸易组织承诺。中国严格按照加入世界贸易组织承诺,取消了相关农产品进口配额和许可证等非关税措施,对小麦、玉米、大米实施进口关税配额管理,大幅度削减其他粮食品种的进口关税。进一步放宽农业领域外商投资准入限制,除中国稀有和特有的珍贵品种、转基因品种之外,将外商投资种业的限制范围缩减为小麦、玉米,取消农产品收购、批发的外商投资准入限制。

——促进国际粮食贸易繁荣发展。中国在确保国家粮食安全的前提下,认真遵守世界贸易组织规则并履行中国加入世界贸易组织的相关承诺,积极与世界主要产粮国分享中国巨大的粮食市场。2018 年,包括大豆等油料和饲料在内的粮食进口总量为 11555 万吨,出口总量 366 万吨,分别比 1996 年增长 944.8%、171.1%。进口总量中大豆 8803 万吨;谷物及谷物粉进口 2047 万吨,占当年世界谷物贸易量的 4.9%。

(二) 国际合作全面加强

——主动分享粮食安全资源和经验。1996 年以来,中国与联合国粮农组织实施了 20 多个多边南南合作项目,向非洲、亚洲、南太平洋、加勒比海等地区的近 30 个国家和地区派遣近 1100 人次粮农技术专家和技术员,约占联合国粮农组织南南合作项目派出总人数的 60%。积极支持国内有条件的企业"走出去",秉持共商共建共享原则,在有需要的国家和地区开展农业投资,推广粮食生产、加工、仓储、物流、贸易等技术和经验。截至 2017 年底,中国农业对外投资存量 173.3 亿美元,在境外设立企业 851 家,分布于六大洲的 100 个国家(地区),雇佣外方员工 13.4 万人,为东道国增加就业、发展经济、改善民生作出了积极贡献。

——不断深化国际合作。中国与 60 多个国家和国际组织签署了 120 多份粮食和农业多双边合作协议、60 多份进出口粮食检疫议定书,与 140 多个国家和地区建立了农业科技交流和经济合作关系,与 50 多个国家和地区建立了双边农业合作工作组。中国始终将支持非洲农业发展和粮食安全作为对非合作的优先重点领域。截至 2016 年,中国共帮助 50 多个非洲国家实施近 500 个农业援助项目,包括成套项目、技术援助项目、物资项目等,涉及农业种植、粮食仓储、农业机械、农田灌溉及农产品加工等领域。2013 年以来,中国积极推进共建"一带一路",与参与国建立经贸合作关系,推动粮食领域合作。

——积极参与世界粮食安全治理。积极响应和参与联合国粮农组织、世界粮食计划署等涉粮国际组织的倡议和活动。推动增强非洲等发展中国家在涉粮国际组织中的代表性和发言权，支持发展中国家的合理诉求。致力于落实联合国2030年可持续发展议程，制定《中国落实2030年可持续发展议程国别方案》，发布《中国落实2030年可持续发展议程进展报告》，为其他国家落实工作提供有益借鉴。积极参与国际食品法典、国际植物保护公约等国际规则制定，成功推动世界动物卫生组织、国际标准化组织等10多项农药残留国际标准、谷物国际运输标准、国际贸易粮食检疫措施标准等国际标准的制定，主导制修订小麦规格、玉米规格等多项粮食国际标准。牵头推动亚洲合作对话"粮食、水与能源安全相互关系"工作，积极参与东盟与中日韩10+3大米紧急储备机制，先后发起或主办亚太经合组织农业和粮食安全部长会议、二十国集团农业部长会议、金砖国家农业部长会议、中国—拉丁美洲和加勒比农业部长论坛、中国—太平洋岛国农业部长会议、世界农业展望大会等重要国际会议，推动各国在粮食安全治理方面形成共识。

——提供力所能及的国际紧急粮食援助。应有关国家紧急粮食援助请求,无偿提供力所能及的多双边紧急粮食援助,对缓解有关国家人道主义危机、促进世界消除饥饿目标的实现,发挥了积极作用,得到国际社会和有关国家的高度评价。

四、未来展望与政策主张

当前,中国粮食连年丰收、库存充裕、供应充足、市场稳定,粮食安全形势持续向好。展望未来,中国有条件、有能力、有信心依靠自身力量筑牢国家粮食安全防线。国家粮食安全保障政策体系基本成型,全面实施国家粮食安全战略,依靠自己保口粮,集中国内资源保重点,使粮食之基更牢靠、发展之基更深厚、社会之基更稳定。农业供给侧结构性改革尚有很大空间,粮食科技进步、单产提高、减少损失浪费、利用非粮食食物等方面还有较大潜力可供挖掘。充足的粮食储备可以保障粮食市场供应和市场基本稳定,现代化的粮食仓储物流体系可以防止出现区域性阶段性粮食供给紧张问题,市场机制充分发挥作用能够解决品种结构矛盾。

从中长期看,中国的粮食产需仍将维持紧平衡态势,确保国家粮食安全这根弦一刻也不能放松。从需求形势看,随着经济社会发展,人均口粮消费将稳中略降,饲料和工业转化用粮消费继续增加,粮食消费总量刚性增长,粮食消费结构不断升级。从生产形势看,农业生产成本仍在攀升,资源环境承载能力趋紧,农业基础设施相对薄弱,抗灾减灾能力有待提升,在确保绿色发展和资源永续利用的同时,稳定发展粮食生产压力较大。从流通形势看,粮食生产将继续向核心产区集中,跨区域粮食流通量将进一步增加,粮食市场大幅波动的风险依然存在。

展望世界粮食安全形势,国际粮农机构全球粮食安全治理效果逐步显现,各国促进国际粮食市场有序流通、维护世界粮食市场总体稳定的愿望增强,贫困缺粮国家粮食生产得到发展,能够减轻国际市场波动对国内市场带来的不利影响,为中国和世界粮食安全营造良好环境。与此同时,当今世界粮食安全挑战依然严峻,仍有8亿多饥饿人口,国际粮食贸易面临着保护主义和单边主义的干扰,不稳定因素增加,实现相关可持续发展目标任重道远。

立足国内,放眼全球,中国将继续坚定不移地走中国特色粮食安全之路,全面贯彻新发展理念,全面实施国家粮食安全战略和乡村振兴战略,全面落实"藏粮于地、藏粮于技"战略,推动从粮食生产大国向粮食产业强国迈进,把饭碗牢牢端在自己手上,在确保国家粮食安全的同时,与世界各国携手应对全球饥饿问题,继续在南南合作框架下为其他发展中国家提供力所能及的帮助,共同推进全球粮食事业健康发展。

(一) 提高粮食生产能力

——坚守耕地保护红线,节约和高效利用水资源。到 2020 年,落实 12436 万公顷耕地保有量、10307 万公顷永久基本农田、4072 万公顷建设用地总规模约束性指标,确保建成 5333 万公顷高标准农田,全面完成粮食生产功能区和重要农产品生产保护区建设,粮食种植面积稳定在 1.1 亿公顷以上,粮食综合生产能力稳定在 6 亿吨以上。不断提高耕地质量,到 2022 年,确保建成 6667 万公顷高标准农田。到 2035 年,粮食种植面积保持总体稳定。加快推进节水供水重大水利工程建设,不断完善农田水利设施,提高水资源利用效率。

——推进种植结构调整,增加绿色优质粮油产品供给。稳定谷物种植面积,因地制宜发展薯类、豆类、杂粮等作物。大力发展强筋弱筋小麦、优质稻谷、青贮及专用玉米、高油高蛋白大豆等,通过优质优价促进农民增收。继续实施优质粮食工程和"中国好粮油"行动计划,服务绿色农业发展和"健康中国"建设,大力增加绿色优质粮油产品供给。

——创新体制机制,提高粮食生产组织化程度。推动农村承包土地所有权、承包权、经营权"三权分置"有序实施,培育新型经营主体和服务主体,发展土地流转型和服务引领型规模经营,促进小规模、分散经营向适度规模、主体多元转变。加强新型职业农民培训,支持农民通过股份制、股份合作制等多种形式参与规模化、产业化经营。完善针对小农户的扶持政策,把小农户引入现代农业发展轨道。

——增强农业科技创新能力,提高粮食生产水平。强化农业基础研究,全面升级节水灌溉、农机装备、农药研制、肥料开发、加工储运、循环农业等应用技术。强化种业科技创新,突破种质创新、新品种选育、高效繁育和加工流通等核心技术。强化技术集成创新,攻克影响作物单产提高、品质提升、效益增加、环境改善的技术瓶颈。推进农业机械化和农机装备产业转型升级,依靠科技手段和农艺农技应用,增加粮食供给,提升粮食品质。

（二）加强储备应急管理

——加强粮食储备管理。以服务宏观调控、调节稳定市场、应对突发事件和提升国家安全能力为目标，科学确定粮食储备功能和规模，改革完善粮食储备管理体制，健全粮食储备运行机制，强化内控管理和外部监督，加快构建更高层次、更高质量、更有效率、更可持续的粮食安全保障体系。

——健全粮食应急保供体系。优化粮食应急供应、配送、加工网点的布局，建成一批规范化粮油配送中心、粮油应急加工企业和应急供应网点，形成布局合理、设施完备、运转高效、保障有力的粮食应急供应保障体系，强化应急处置功能，提升应急供应保障水平。

——完善粮情预警监测体系。强化粮油市场预警机制，加快建立健全涵盖国家、省、市、县四级的监测预警体系，依托信息技术准确把握国内外粮食形势，健全粮油市场监测网络，提供及时、准确、全面的市场信息服务，防范市场异常波动风险。

——倡导节粮减损。大力开展宣传教育活动，增强爱粮节粮意识,抑制不合理消费需求,减少"餐桌上的浪费",形成科学消费、健康消费、文明消费的良好风尚。普及推广经济、适用、防虫、防霉储粮新装具、新技术,帮助农民减少产后损失。示范推广绿色、环保、智能粮食储藏设施设备,鼓励适度加工,提高物流效率,减少粮食流通环节的损失损耗。

（三）建设现代粮食流通体系

——加快建设现代粮食市场体系。坚持市场化改革取向与保护农民利益并重,以确保口粮绝对安全、防止"谷贱伤农"为底线,适应世界贸易组织规则,积极稳妥推进粮食收储制度和价格形成机制改革,充分发挥市场配置粮食资源的决定性作用,更好发挥政府作用,使粮价更好地反映市场供求,激发市场活力,促进供需平衡,加快形成统一开放、竞争有序的现代粮食市场体系。

——切实加强粮食仓储物流建设。围绕优化布局、调整结构、提升功能,鼓励合理改建、扩建和新建粮食仓储物流设施,持续推进粮库智能化升级,增强安全运行保障能力。优化大型粮食物流园区布局,构建一批粮食进出口物流通道和重要节点,提升粮食物流重点线路流通效率。

——着力构建现代化粮食产业体系。坚持高质量发展要求,倡导推广粮食循环经济模式。发展粮食精深加工与转化,大力推进主食产业化,不断增加绿色优质和特色粮油产品供给。着力推动优粮优产、优粮优购、优粮优储、优粮优加、优粮优销,加快构建现代化粮食产业体系。

(四) 积极维护世界粮食安全

——继续深入推进南南合作,为实现联合国 2030 年可持续发展目标中的"消除饥饿,实现粮食安全,改善营养状况和促进可持续农业"作出积极努力。

——深化与共建"一带一路"国家的粮食经贸合作关系,共同打造国际粮食合作新平台,促进沿线国家的农业资源要素有序自由流动、市场深度融合。

——积极支持粮食企业"走出去""引进来",开展国际合作,合理利用国际国内两个市场、两种资源。优化粮食进口渠道,拓展多元化粮食来源市场,促进全球范围内粮食资源合理高效配置。

——积极参与全球和区域粮食安全治理,积极探索国际粮食合作新模式,开展全方位、高水平粮食对外合作,维护世界贸易组织规则,促进形成更加安全、稳定、合理的国际粮食安全新局面,更好地维护世界粮食安全。

结　束　语

凡益之道,与时偕行。进入新时代,中国人民更加关注食物的营养与健康,既要"吃得饱",更要"吃得好""吃得放心"。初心不忘,人民至上。中国将在习近平新时代中国特色社会主义思想指引下,始终以人民对美好生活的向往为奋斗目标,牢固树立总体国家安全观,深入实施国家粮食安全战略和乡村振兴战略,进一步加强粮食生产能力、储备能力、流通能力建设,推动粮食产业高质量发展,提高国家粮食安全保障能力,为人民获得更多福祉奠定坚实根基。

确保粮食安全,中国与世界命运休戚与共。中国将继续遵循开放包容、平等互利、合作共赢的原则,努力构建粮食对外开放新格局,与世界各国一道,加强合作,共同发展,为维护世界粮食安全作出不懈努力,为推动构建人类命运共同体作出新的贡献。

责任编辑:刘敬文

图书在版编目(CIP)数据

中国的粮食安全/中华人民共和国国务院新闻办公室 著. ——
北京:人民出版社,2019.10
ISBN 978－7－01－021431－3

Ⅰ.①中…　Ⅱ.①中…　Ⅲ.①粮食问题-研究-中国
Ⅳ.①F326.11

中国版本图书馆 CIP 数据核字(2019)第 220075 号

中国的粮食安全
ZHONGGUO DE LIANGSHI ANQUAN

(2019 年 10 月)

中华人民共和国国务院新闻办公室

人民出版社 出版发行
(100706　北京市东城区隆福寺街 99 号)

中煤(北京)印务有限公司印刷　新华书店经销

2019 年 10 月第 1 版　2019 年 10 月北京第 1 次印刷
开本:850 毫米×1168 毫米 1/32　印张:1.25
字数:20 千字

ISBN 978－7－01－021431－3　定价:4.50 元

邮购地址 100706　北京市东城区隆福寺街 99 号
人民东方图书销售中心　电话 (010)65250042　65289539